황홀한 사랑

백태희 유고시집

교음사

책머리에

그리운 엄마의 시집을 내며

세상에서 가장 아름답고 숭고한 단어 '엄마!'

얼굴을 마주보며 엄마를 불러 본 지도 10년의 세월이 흘렀다.

어제도 오늘도 내 곁에는 엄마가 있는데, 엄마는 영원한 숨바꼭질을 하는지 작정하고 꼭꼭 숨어 계신다. 엄마의 딸은 영원한 술래다.

술래가 되기 전에 후회 없는 술래가 됐어야 했는데, 사실 후회라는 말을 언급하기조차 부끄러운 딸이다.

그럼에도 살아생전 엄마에게 얼마만큼의 기쁨을 드렸을까? 하는 질문을 한다.

'엄마에겐 원제, 인제, 순제와 딸 영주가 있어 어때 이만하면 행복했지?' 죄송함의 발로로 이런 질문을 하며 불효의 무게를 내려놓곤 한다.

"컴퓨터에 있는 시, 책 내줄래!"

떠나실 즈음 엄마가 나한테 처음이자 마지막으로 부탁한 일을 이 핑계, 저 핑계로 세월을 보내다 10주기를 맞이했다. 서울과 진주 멀리 사는 딸에게 보고 싶다는 말조차 아낀 엄마였다. 단 한 번도 오라느니 가라느니 하지 않고 기다리시기만 했던 엄마가 머나먼 곳에서 '이 무심한 딸아 언제 책을 내줄거니 아직도 기다리게만 하는구나!' 하며 목이 빠지셨을지도 모른다. 엄마는 참고 견디는 긍정의 아이콘이니까 기다림 속에서도 지치지 않고 자식들을 응원하셨을 것이다.

많이 늦었지만 지금 이 즈음이 모두에게 큰 선물이 될 거라는 확신이 드는 건, 또 한 번의 핑계며 가스라이팅일지는 모르겠지만 10년이면 강산이 변한다는데 엄마의 자식들이 나름 어려운 중장기의 시기를 벗어나 안정을 찾는 시기로의 대전환으로, 보이지 않는 강산의 변화와 함께 눈에 보이는 도약과 안정된 가치로의 전진을 꾀하기 때문이다.

'시집을 내야지' 마음만 먹고 있는 나에게 "엄마, 시집 내야지!" 하며 컴퓨터에서 잠자고 있는 시의 목록을 만들어 프린트를 해주며 발동을 걸어 준 남편에게 참으로 감사하다. 기계치인 엄마에게 세세하게 컴퓨터 작업을 도와 준 딸 여진이와 하나의 도움도 없었지만 자신의 일에 성실한 아들 동호에게도 고맙기 그지없다.

마치 세 그루의 소나무처럼 든든하게 곁을 지켜주는 세 오빠들이 있어 마음이 든든하다.

엄마의 흔적과 마지막 유산이 담긴 유고시집을 함께 엮어드릴 수 있으니, 엄마의 얼굴에 번지는 행복한 미소가 눈에 선하다.

 마음먹은 일을 실천할 수 있게 해주신 교음사 강병욱 대표님과 류진 편집장님의 도움과 애정 어린 수고에 깊은 감사를 드린다.

 어려움 속에 있는 나를 언제나 희망으로 붙들어 주시는 그분께 영광으로 보답 드리리라.

 늘 내 마음 어디에나 함께 하는 엄마가 있어 행복하다. 그리고 꼭 드리고 싶은 말이 있다.

 "엄마, 엄마의 자식으로 태어나 감사해!"

2025. 9. 곽영주 (딸)

| 황홀한 사랑 |

· 차례
· 책머리에

1. 그 가을 그리고 겨울

9월의 아침 … 18
가고 아니 오더이다 … 19
스트레스 만세 … 20
가을비 … 21
강아지를 업는 할머니 … 22
거미집 … 23
경로석 … 24
광년(光年) … 26
그 겨울 … 28
그네 … 29
꽃 … 30
눈 소리 … 31
다행한 일 … 32
늙은 해녀 … 33
땅콩 리턴 … 34
딸의 흰 머리 … 36

2. 바람의 계절

떠남 … 38
많이 듣던 소리 … 39
무뇌(無腦) … 40
물 마른 계곡 … 41
물집 아줌마 … 42
밤마실 … 44
밥맛 … 46
바람의 계절 … 47
불면증 … 48
뻐꾸기 … 49
새끼 양 … 50
四월의 주검 … 51
상전벽해 … 52
새벽달 … 54
선거 … 55
세월호 … 56

3. 여름이 가네

손녀 … 58
시발(始發) … 59
신문배달 … 60
엄마 … 61
옛날옛날엔 … 62
한 이불 속 … 64
유기견 … 65
양봉기(養蜂記) … 66
피에타 … 67
아버지 … 68
어버이날 … 70
여름이 가네 … 71
오리 1 … 72
오리 2 … 74
오리 3 … 75
오래된 사진 … 76

4. 황홀한 사람

욕심이 과했다 … 78
은행나무 … 79
은행잎 … 80
이 좋은 날에 … 81
잣 까기 … 82
인자한 사람 … 84
잔인한 달 잔인한 죽음 … 85
조기 … 86
포도주 … 87
후회 … 88
황홀한 사람 … 90
휴전선의 봄 … 91
휴전선의 여름 … 92
휴전선의 가을 … 93
휴전선의 겨울 … 94
머리핀 … 96

추천의 글 … 강병욱(월간『수필문학』발행인) … 98

1

그 가을 그리고 겨울

9월의 아침

맑고 순한 햇살
삽상한 바람
가을이라기엔 조금 성급한
한낮에는 따끈한 햇볕이
마지막 열성을 불대워도
여름이라기엔 아쉬운 넋두리 같은
만남의 미소와 헤어짐의 쓸쓸함이
손잡고 함께 찾아온 9월의 아침

가고 아니 오더이다

가랑잎 소리를 밟고 가을이 가더이다
바스락 소리에 한 발짝 가고
바스락바스락 두 발짝 가고
그렇게 가을이 떠났더이다
우리의 삶도 함께 끌려갔더이다

한 해가 가고 가을은 다시 돌아왔지만
그건 그때 떠난 가을이 아니었더이다
그때의 파랗던 하늘
그때 피었던 들국화
그때 불던 바람
미래의 영겁 가고 아니오더이다

그러나 우리는
똑같은
너무나 똑같은
다시 온 가을에 홀리어
지난 것을 잊고 살고 있더이다
그래야만 살 수 있더이다

스트레스 만세

시를 한 편 써야 한다는 강박관념에 시달리면서
하루해가 휘딱 휘딱 잘도 지나고 금요일이 다가온다
훌훌 벗어던지고 천의무봉으로 즐겁게 살고 싶지만
나의 남은 날을 생각하면
아무것도 생각하지 않고 산다는 것 역시
즐거울 수만도 없는 일이다
모든 매인 끈을 놓아버리면
샤갈의 그림처럼 허공에 둥둥 떠
자기 몸을 어떻게 가눌 것인가
갈기갈기 찢긴 종잇조각처럼 뿔뿔이 흩어질 나의 삶에
그나마 접착제 역할을 하는 스트레스
스트레스가 나의 몸을 지탱해 주고 있는 셈이다

*천의무봉: 완전무결하고 완벽함

가을비

추적추적 비가 내리더니
가을이 함께 오네
뜨거웠던 지난여름
정성으로 보듬어 가꾸어 왔던
그 많은 것들
이젠 내려놓을 때가 되었네
마음은 아직 한창인데
새빨간 샐비어마저
눈물짓고 있네
억울해서 원통해서

강아지를 업는 할머니

강아지를 업고 사는 할머니
굽은 등에 강아지를 업고
집안일도 하고 외출도 한다
그 옛날 아들딸 업어 기르던 감촉이 남아있는 등에
강아지를 업고 그 낙에 산다는 할머니
자식들은 멀리 있고
자주 오지도 못해
할머니에게 남은 것은 눈 안 보이는
열두 살짜리 강아지뿐
자기를 의지하는 강아지가 있어
행복하다는 할머니
살뜰한 정, 애틋한
할머니의 굽은 등

거미집

제 몸에서 뽑은 은실로
이 나무에서 저 나무로 걸쳐
해먹 같은 집을 지었습니다
아침 이슬이 대롱대롱 매달려
진주 구슬로 장식한 듯 반짝반짝 빛나는 그물집
무당거미가 나긋나긋 살금살금 발소리도 없이
나비랑 벌이랑 곤충들을 유혹합니다
"흔들흔들 해먹에 누우면
햇볕이 이불 되어 덮어주고
솔솔 부는 바람이 자장가를 불러 줄 거"라고요

그러나
그 꾐에 넘어가면 안 됩니다
걸렸다 하면 이 세상의 시간이 종을 치니까요
거미집은 블랙홀입니다

경로석

여든보다는 아흔에 더 가까워 보이고
몹시 쇠약해 보이는 노친네가
좌석 옆의 쇠파이프를 짚고 서있다
웬만하면 젊은 사람들이 자리를 양보해도 좋으련만
끄떡 않고 앉아들 있다
내가 차지한 경로석을 양보하고 싶은데
노친네가 서있는 곳은 내게서 너무 멀어
내가 일어서는 순간
곁에 있는 다른 노인이 얼른 앉을 테고
그러면 나의 친절은 도둑을 맞고
나는 화가 나서 치를 떨 것이다
'아, 어쩌나? 어쩌나!'
그러는 동안에도 지하철역은 다가왔다 멀어져 가고
나는 조바심으로 공연한 속만 끓인다

내가 내릴 역에 왔다
나는 끝내 자리를 양보하지 못한 꺼림칙함과
갈등에서 벗어나는 해방감을 동시에 느끼면서

미련 없이 일어선다
그토록 양보 못해 애태우던 경로석은
이미 내 소유가 아니다

광년(光年)

광년(光年)은 광년(狂年)
엄청난 힘으로 나를 압박한다
지금 우리가 보고 있는 별빛이
몇 십 광년 전에 발사된 것이라느니
몇 만 광년이 걸려서 지구에 도달하는
별빛도 있다는 등의 이야기는,
상상을 초월한 천문학적 수치를 내포하는 말이어서
잘난 듯이 어깨 펴고 살고 있는 나를
한없이 미미한 존재로 만들고 말아
아등바등 살아간다는 것의 허무함이
나를 절망 속으로 밀어 넣는다
우주에 비기면
바닷가의 모래알
그 모래알의 몇 백분의 일도 안 되는
더없이 초라한 나의 존재
시작도 없고 끝도 없다는
우주의 개념이라는 것을 정리해 보다
그만 숨이 탁 막혀서 질식하고 말 것 같다

'반짝' 하는 찰나에 지나지 않는 여생이나마
즐겁게 살기 위해
나의 사전에서 광년이라는 말을 지워버릴까

그 겨울

하얀 천을 풀어 놓으면
금방 새파랗게 물이 들것만 같던 하늘
탱탱하게 긴장한 공기
누이를 본 네 살짜리 아들이
커다란 방울 달린 털모사클 쓰고
옆구리에 썰매를 끼고
개울로 얼음 지치러 가던 겨울

한 겨울이 오고
한 겨울이 가고
용케도 살아왔다 그 긴 세월

그네

그네는 체념이 잘 안되는가 보다
사람이 내려도 즉시 멈추지 못하고
미련에 겨운 듯
저녁 으스름 속에
무엇이 창피한지 비비 꼬기도 하고
무엇이 그리 싫은지 싫다고, 싫다고
아등바등 앞뒤로 몸을 흔들고 있다

꽃

추위가 가시고
꽃들이 온통 물이 오른다

크고 향기로운 꽃이든
땅에 납작 엎디어 피는 이름 없는 풀꽃이든
환하게 빛을 발하는 절정의 순간
저마다의 한철을 아름답게 누린다
나비, 꿀벌, 애벌레 할 것 없이 모두가

너와 나도 한때는 꽃이었지

눈 소리

보안등 졸고 있는 골목에
쓸쓸한 마당에
밤눈이 온다
무성영화처럼 화면에 펼쳐지는 눈꽃 이야기
소리 없이 오는 눈 소리를
가슴으로 듣는다
사그락 사그락

다행한 일

8시 뉴스앵커
"…… 태풍 너구리는 다행히도 일본열도 쪽으로
진로를 틀어……"
그 말에 흠칫 놀라는 나의 깨달음
나를 비껴간 불행이 남에겐 재앙일 수 있다는 것
그렇다면 다행하다고 말해서는 안 되지
차 사고가 났는데 다리에 골절상만 입었다면
"그만한 게 다행이다"
이건 써도 무방한 '다행'
태풍 너구리가 비껴가 일본 열도 쪽으로
진로를 틀어서 다행이라니

늙은 해녀

시퍼런 나이의 서방
바닷속에 묻으니
스물일곱 꽃다운 청춘
순장(殉葬)하듯 바닷속에 묻었지

애간장 녹여 기른 맏이
한창 나이 지키지 못하고
저세상으로 떠나던 날
어미의 인생도 막을 내렸네

분단장 곱게 한 번 못 해 보고
소금물에 절어 살아온 피부
어느덧 칠십 고개 훌쩍 넘었네
이목구비 반듯해서 더 서러워

배운 도둑질에 목을 맨 늙은 해녀
흉물스런 물갈퀴 발에 신고
자신을 부양하려
오늘도 물질에 나선다

땅콩 리턴

땅콩 한 알 또르르 굴러
KAL기 엔진에 걸렸네
뉴욕 JFK 공항 활주로
야단법석이 났네
회항하라고
회항해야 한다고
사무장 책임이니 사무장 내리라고

엔진에 걸린 땅콩 한 알
살짝 집어냈으면 그만인 것을
문제를 눈 더미처럼 키워가지고
왈가왈부 시끌벅적
이게 웬 소동

호랑이는 죽어서 가죽을 남기고
사람은 죽어서 이름을 남긴다는데
좋은 이름이든 나쁜 이름이든
이름 알리는 방법도 가지가지

헤세, 바이런은 아니지만
하루아침 눈 떠 보니 온 세계에 유명해져 있는
땅콩회항 조 아무개
청사에 길이길이 남겠네

딸의 흰 머리

1년 만에 만난 딸아이
정수리가 희끗희끗하다
이국 생활에 고생이 많았음인가
"너도 벌써 머리가 세는구나"
"엄마, 나도 쉰하나야"란다

내 나이가 하도 많다 보니
쉰하나쯤은 나이도 아닌 것 같은데
생각해 보면 만만찮은 나이다
예전 같으면 며느리 보고 사위 얻고도 남을 나이

어미 마음 저려오는
딸의 흰 머리

2

바람의 계절

떠남

내가 떠남은 모든 것을 내려놓는 것
반짝이는 햇빛
나뭇잎을 흔드는 바람
까르르 아기의 웃음
무언가를 바라는 강아지의 눈빛
그 모든 것을 버리는 것

네가 내게서 떠남은
차마 놓고 싶진 않지만
쥐고 있던 끈의 한 가닥을 놓는 것

누가 더 아프고 슬플까
무게로 달 수도 없고
개수로 셀 수도 없고
부피로 잴 수도 없네

떨어지지 않는 발길 떠나는 아픔
놓고 싶지 않은 끈 놓아야 하는 아픔

많이 듣던 소리

잠결에
어디선가 무슨 소리가 들린다
무슨 소리지?
저게 무슨 소리더라?
많이 듣던 소리긴 한데…
따르릉, 따르릉, 따르릉
아 저건
전화벨 소리잖아!
부랴부랴 뛰어가 전화기를 드는 순간
뚝 끊기고 만다
이 아침에 무슨 급한 일일지도 모르는데,
오매 나 못살아
까짓 거 급한 일이면 또 오겠지 뭐
나이와 함께 느느니 배짱뿐

무뇌(無腦)

병원 1층 엘리베이터 안
중년 아줌마가 들어오자마자 다짜고짜
닫기 버튼을 누른다
'우와, 이건 완전히 무뇌 행동이군'
깜짝 놀라 나는 얼른 열기 버튼을 누른다
기다리던 많은 사람들이 우르르 올라탄다
어쩌다 버튼 누르는 법은 배워가지고
재미삼아 버튼을 눌러대는 서너 살
어린애나 같은 짓거리를

자기를 중심으로 원을 크게 그려서
그 안에 많은 것을 수용하는 사람
자기 외에는 아무것도 얼씬거리지 못하게
몸에 딱 맞게 원을 그리는 사람

소견이 들 나이도 됐겠구만서도
그냥 콱 쥐어박아 주고 싶었다

물 마른 계곡

큰 돌 작은 돌 둥글둥글
알몸으로 바글거리는 하얀 계곡
나체의 군상들 웅크린 채 떨고 있는 가스실
둥글둥글 겹쳐진 육체
단산한 여인의 마르고 시든 젖줄

물 마른 계곡
움직임도 없고 소리도 없는
황량한 불임의 세계

물집 아줌마

물 없는 산동네
집집마다 물을 길어다 주고
매일같이 남의 집 빨래를 해주며
삼남 일녀를 기른 아줌마
가냘픈 몸에 벅찬 육체노동으로
아들들 대학공부를 시킨 아줌마
사람을 의심할 줄 모르고
어린아이같이 순진했던 아줌마
허우대가 멀쩡한 남편이 빈둥빈둥 놀고 있어도
원망할 줄도 모르던 아줌마
아들이 대학을 나오면 무슨 영광이 있을 줄 알았건만
장가 간 큰아들은 남의 집 빨래를 하는
엄마를 창피하게 여기고
둘째아들은 못된 마누라 눈치 보느라 전전긍긍

산동네에 수도가 들어오고
세탁기가 보급되자
아줌마는 파출부로 나가기 시작했다

불쌍한 아줌마
이렇게까지 보상받지 못하는 인생도 드물 것이다

그 아줌마가 세상을 떠났다는 소식을 딸에게서 들었다
간암이었다고 한다
늘 몸이 약해서 위태위태했는데
그래도 82세까지 살았으니 그 점만은
과히 억울하지 않겠다

밤마실

안림 마을 노친네 밤마실 가네
물 먹인 광목수건 고깔처럼 접어 쓰고
한 손엔 곰방대 한 손엔 사방등 들고
윗마을 대구댁 안방으로 밤마실 가네
광목바지 가랑이 사이로 스며드는
초겨울 밤바람이 매섭지만
후끈후끈한 대구댁 안방
남폿불 심지 한껏 돋우고
감홍시 한 목판
썰은 입담배 한 깡통
한 대 피워 물고 후우, 연기를 내뿜으면
시름도 함께 풀려나고
목청 좋은 풍산댁
소설 '춘향뎐' 변사또 대목
고추 먹은 소리로 낭랑하게 읽어 가면
"에그, 나쁜 놈"
"암, 그래야지 그렇고 말고"
추임새 넣어가며

안림 마을 노친네들
생명의 세탁
밤마실 무르익네

밥맛

친구야
밥맛을 잃으면 안된데이
꽁보리밥에 된장 한 가지라도
밥맛만 있으면 산다아이가
상다리가 휘어지는 진수성찬도
밥맛이 없어 먹지 못하면 무슨 소용이겠노
밥맛은 삶의 의욕이제
자기를 사랑하고 남을 사랑하고
햇빛을 사랑하고 꽃을 사랑하고
가난을 사랑하고 고통을 사랑하고
문제는 이 세상을 사랑하란 말이다
밥맛이 알파요 오메가란 것
잊지 말거레이

바람의 계절

오블라토 너울 쓰고
게슴츠레한 눈으로 곁눈질하며
4월이 왔네

촉촉한 촉감으로
귀밑에 달라붙는 머리칼
봄바람 분다고 속삭이며
날마다 파스텔톤의
의상으로 갈아입는 산과 들이
바람나라고, 바람나라고 부추기네

*오블라토: 가루 형태의 약이나 영양제를 좀 더 쉽게
 넘길 수 있도록 도와주는 식용 얇은 막

불면증

텔레비전을 끈다
모뎀의 게이지가 02:43이다
불을 끄고 히터를 끄고
잠을 청한다

갑자기 어두운 방안이 답답해진다
다시 불을 켠다
아예 잠을 포기하고
별로 재미없는 책을 펼쳐든다
'예수와 그 시대'라든가 '인간에게 미래는 있는가' 등
책을 보다가
불을 환하게 켜 놓은 채
잠이 드는 둥 마는 둥

창밖으로 뿌우연 새벽이
설금설금 다가온다

뻐꾸기

부드럽고 포근한 그 소리
초여름의 권태로움에 겨운 듯
아련한 그리움 싣고
뻐꾹뻐꾹

밀도 짙은 6월의 공기 속을 날아와도
흐트러지지 않는 숨소리
산야에 울려 퍼지는
뻐꾹뻐꾹

하지(夏至) 넘어서는 해가 아쉬워
느슨하면서도 간절한 외침
내가 가슴으로 듣는
뻐꾹뻐꾹

새끼 양

하얀 얼굴에
사이가 십리나 떨어진(백발 삼천 장이네) 새까만 두 눈
꼭 다문 입 위에 앙증맞은 코
눈 바로 옆에 축 늘어진 귀
쏙 빠진 목고개
미스 코리아보다 더 예쁘다(또 백발 삼천 장이군)

2천여 년 전
베들레헴의 한 마구간
구유에 누운 아기예수
그 앞에 무릎 꿇은 세 동방박사와 새끼 양

선량한, 한없이 선량한
순진무구의
새끼들의 세상

*백발 삼천 장: 과장된 표현으로, 머리카락이 하얗게 센 것을 의미하며 몸이 늙어 서글픈 심정을 비유하기도 함

四월의 주검

아 끔찍한 저 바다
삼백여 명의 아까운 넋을 한입에 삼키고
아무 일 없었다는 듯 천연스런 일렁임
떨어져 겹쳐 누운 나뭇잎처럼
첩첩이 쌓였을 四월의 주검을
어이할 거나 어이 해야 하나
살려달라는 절규가 심장을 죄어 와서
너무 아프다
쥔 손을 그만 풀어다오
기억의 한 쪽 끝에
못다 핀 꽃봉오리로
남아있을 아가들아
이제 그만 야멸친 바닷속에서 나와
포근한 어미 가슴에 묻히거라
내 사랑아

상전벽해

끝이 안 보이는 뽕나무밭
초봄의 햇살이
파르라니 물이 오를 듯한 가지 끝에 다사롭다
농림고등학교 뒤켠에 펼쳐진 실습림
밭 사이를 흐르는 도랑둑엔
바스락거리는 마른 풀 소리
작은 초록색이 조심조심 코끝을 내밀고

머지않아 짙어질 널찍한 잎이
나무를 뒤덮으면
쏴아, 소나기 오듯
뽕잎을 갉아먹는 누에들의 왕성한 식욕이
희망으로 부풀겠지

연병장에 도열한 병사들처럼
질서정연하게 늘어섰던 뽕나무밭은
이제는 간 곳 없고
고층 아파트가 빼꼼할 여지없이 들어서있다

상전이 벽해로 변한 콘크리트 더미

옛날이 그립다

새벽달

미명의
시린 하늘에
하얗게 바랜 얼굴
반쪽으로 가늘어진 허리
시앗에 밀려
보따리 하나 달랑 들고
쫓겨난 지어미인가
드넓은 세상에 의지가지없는 몸
새벽달

*시앗: 첩을 뜻하는 순우리말,
 남편의 첩, 즉 본처 외에 다른 여자

선거

술렁술렁
들썩들썩
북적북적
시끌시끌
와글와글

쑥덕쑥덕
수군수군
조마조마
전전긍긍
철렁철렁

어휴
빨랑 끝나삐라

세월호

여객선이 침몰하여 수학여행 가던
고등학생 수백 명이 죽었다는 뉴스가 난 지 어언 수개월
하루도 그 얘기가 나오지 않는 날이 없다
후쿠시마 지진 해일과 그 여파로 발생한
원자력 발전소 사고보다 더 충격적인 사건이다
이에 편승한 야당과 자식의 죽음을
흥정거리로 삼는 유가족
도대체 어쩌자는 것인가
젊은 아이들의 죽음을 제발 욕되게 하지 말라
소리쳐 외치고 싶다

3

여름이 가네

손녀

텅 빈 아파트촌 놀이터
겨울 해가 뉘엿뉘엿 넘어가는데
아무도 없는 썰렁한 집에 들어가기 싫은 손녀
얇은 블라우스 하나로 떨고 있던 다섯 살짜리 꼬마

양육권으로
이혼한 며느리에게 가있던 손녀
그 아이가 내게로 온 지 십수 년
숱한 곡절도 있었지만
이제 대학교 4학년 졸업반이 되었다
몸도 건강하고 성정도 고와서
비뚤어지지 않고 바르게 자라 주어
장하고 고맙다

시발(始發)

빨간 불 파란 불 번갈아 번득이며
존재를 과시하는 마을버스들
얼어붙은 12월의 새벽
아직 깊은 잠에 빠져 있는 동네
시무룩한 기사의 표정과는 상관없이
출발선상에 들어선 마라톤 선수마냥
힘차게 시동이 걸리고
환하게 불이 켜진 차안엔 손님은 없어도
오늘의 역사를 쓰기 위해
버스 종점은 새벽의 어시장처럼 부산하다

신문배달

새벽 4시
혹시나 하고 현관문을 열었더니
신문이 와있다
순간 짠해오는 가슴 아림
이 시간에도 잠을 외면한 채
삶을 위해 움직이는 사람이 있다는 사실이 섧다

엄마

엄마는 아프면 안 돼
병원에 입원해서도 안 돼
어느 날 엄마가 안보이면
예쁜 아가 슬퍼지잖아
엄마는 항상 씩씩하고 건강해야해
아파할 시간도 없는 게 엄마야
엄마는 아프면 안 돼
절대로

옛날옛날엔

새로 바른 하얀 창호지를 통해 들어오는 아침 햇살이
얼마나 다사롭고 아늑한 것인가를
너그는 모를 거다

큼직한 두리반 위에 보글보글 청국장 뚝배기
푸짐한 배추김치, 동치미, 삭힌 풋고추,
누렇게 익은 무청김치
흰 쌀밥에 시래기국
둘러앉은 식구들
할머니, 손자, 손녀
머리가 희끗희끗한 아들 며느리

막, 수저를 들려는데
아랫마을 김서방이 놀러왔다
부랴부랴 자리를 좁혀 앉고
사발전보다 위로 더 봉긋한 밥그릇
따끈한 시래기국 한 대접
스스럼없이 끼어드는 김서방

풋풋한 온기 넘치는 아침밥상
그 영양가
너그는 모를 거다

한 이불 속

큰 감자 곁에 조롱조롱 새끼감자
오밀조밀 북적대는 한 이불 속
이쪽이 당기면 발이 나와 깔깔
저쪽서 당기면 어깨가 나와 깔깔깔
온 식구 온기로 훈훈하던 시절

아이들은 아이들대로
젊은이는 젊은이대로
늙은이는 늙은이대로
푸설푸설 진기 없는
안남미(安南米)밥 같은 요즘 인정

방도 각각 이불도 각각
이불이 얇아지니
인정도 엷어지는구나

콩 한 알도 쪼개 먹던 끈끈한 정
움트고 자라던 한 이불 속

유기견

온 세상이 바쁘게 돌아가는 신촌 로터리
햄버거 가게 앞에 망부석처럼 앉아
해가 떠도 해가 져도
그 자리 떠나지 못하고
그 누구를 애타게 기다리는 말티즈
눈가에 맺힌 물기
마음 아파 오는데
저들이 이토록 가여운 것은
배가 고프면 어쩌나 싶어서가 아니라
한 번 맺은 정 매몰차게 끊지 못하는
지지리 못난 순정 때문이다

양봉기(養蜂記)

꽃을 쫓아 이동하는 양봉업자
벌통 안에 바글거리는 그 많은 꿀벌들
남의 생명을 어찌 그리 겁도 없이 끌고 다니는고
달디 단 꿀을 착취하는 대신
꽃이 있는 자연을 제 것인 양 제공하여
선심을 쓰는 인간의 뻔뻔함
그런 것 아랑곳하지 않고
부지런히 성심성의껏 꿀을 생산하는 꿀벌들
그것이 생존의 법칙임을
우주의 원리임을 어이하리

피에타

십자가에서 내린 아들을 안은
성모 마리아도 살았는데

그리 슬퍼할 게 무엇이더냐
76세에 죽은 동생

그래도 눈물이 나는 것은
파킨슨병의 말년이 너무도 비참하였음이라

16년간이나 걸어야 했던
십자가의 길은 너무 처절하였음이라

아버지

토마토케첩으로 비빈 분홍색 밥에
드문드문 새파란 그린피스가 섞인 치킨라이스
내가 좋아하던 메뉴
아버지는 어린 나를 자주 레스토랑에 데리고 가셨다

2차 대전이 막바지여서 물자가 극도로 귀해
옳은 먹거리도 없었던 소학생 시절
하루는 그릴에 나를 데리고 가셨다
런치를 시켰는데 생선 커틀렛 재료가 갈치였다
아버지는 점잖게 포크와 나이프를 사용하시면서
"이 식당에서는 예절대로 안 먹으면 쫓겨난다"며
겁을 줬다
내게 양식 예법을 가르치기 위한 것이었겠지만
겁을 먹은 나는 그 잘난 갈치튀김을 포크와 나이프를
써서 먹느라
진땀 꽤나 뺐을 것이다

중식당에 가면 으레 팔보채, 탕수육, 부추잡채를

시켜 주신다
한상 가득 음식을 받아 놓고 어떻게 처리했는지
기억이 잘 나지 않는다

8·15해방이 되고 며칠 뒤
케익 집엘 가서 사주신 우유와 생과자가
아직도 눈에 선하다
뽀글뽀글 거품이 이는 따뜻한 우유
팥소 대신 고구마로 소를 넣은 나마가시(생과자)

아버지는 의복에 대해서는 신경을 안 쓰시면서
먹는 것에 대해서는 대단히 열심이셨다

어버이날

천애 고아 신세가 서러워
눈물 없는 울음 운다고 하면
사람들은 웃겠지
나에게도 어버이가 있었다는 사실이
소중한 기억으로 살아있는데
소견이 모자라서, 살기가 각박해서
굽이굽이 잘못한 일만 생각나는
팔순 노인의 어버이날

여름이 가네

어느 날부터 아침이 서늘해졌다
나팔꽃, 목백일홍은 아직 한창인데
어미 버리고 이민가는 아들딸처럼
아쉬움 남기고 여름이 가네

강물에 떠내려가는 나뭇잎
안간힘으로 소용돌이쳐보다
끝내 떠내려가고 말듯이
그렇게 여름이 가네

알토란같은 세상의 여름을 따라
갈무리 부탁할 거리도 없이
쭉정이 벼이삭처럼 허망한
나의 여름도 가네

오리 1

한 둘, 한 둘, 한 둘
동그랗게 물무늬를 그리며
미끄러지듯 헤엄쳐 나아가는 오리들
꼭 짝을 지어 다닌다

한 녀석이 물구나무서기를 하며
거꾸로 서서 먹이를 찾는 듯하다
또 한 녀석이 따라한다
나란히 머리를 쳐 박고
엉덩이를 하늘로 치켜든 모습이 귀엽다

한 둘, 한 둘, 한,
아, 어찌된 일이냐
짝이 안 맞는 건,
무슨 일이 있어
짝을 잃었나

시간이 지난 어느 훗날
또 만나게 되면
새로운 짝을 찾아
행복한 모습으로
느긋하게 헤엄치고 있을까

오리 2

집으로 가야지 아직도
물속을 뒤지고 있구나
날이 저물었는데
상점의 불빛이 물 위에 아롱지는데

곳간에 쟁이지도 않고
은행에 예금도 없이
그날그날 살아가는 삶이
고달프지 않으리오만

농사짓지 아니하고
길쌈하지 아니해도
하늘의 은혜 땅의 은혜
솔로몬의 영화 못지않으니

오리 3

고개를 반듯이 세우고
의젓하게 헤엄쳐 나가는 어미를 따라
종종걸음 아닌 종종헤엄 치는
앙증맞은 녀석들
사랑과 평화, 신뢰가 살아 숨쉬는
새끼오리들 첫나들이

오래된 사진

누렇게 뜬 흑백사진
젊은 아빠가 어린 딸을 안고
미소 짓고 있다
새침하게 입을 꼭 다문 네 살짜리 계집애
외가 친가 온 집안이 떠들썩했던
아빠의 보물단지 '희야'
81년 전의 나의 사진

속절없이 늙은 희야가 이제
보물단지 아닌 애물단지로
환골탈태하고 있는 중이다

4

황홀한 사람

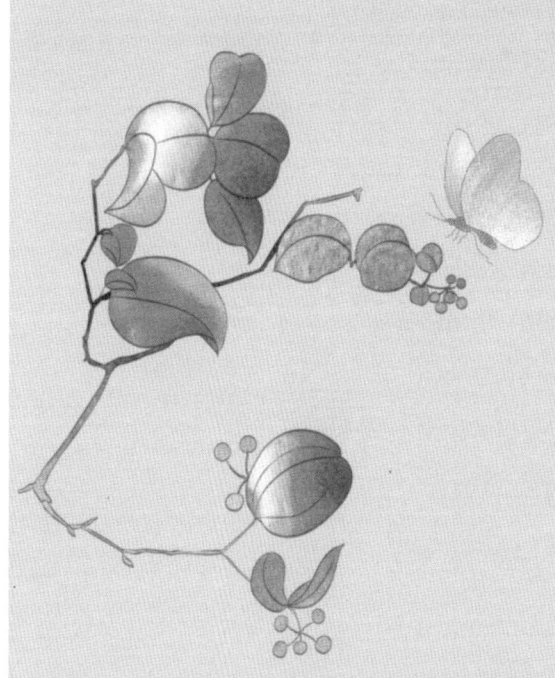

욕심이 과했다

삼천억 가진 자
무엇이 부족해서
재산 늘릴 궁리만 하다가 살해되었는고
남의 돈으로 일가권속 온갖 호강 누리면서
그래도 부족해서 안달하다가 세월호로 막을 내렸네
로로 피아나 점퍼, 벤틀리 승용차
들어 보지도 못한 브랜드들
60억 원의 루브르궁 전시회
구역질나는 허황된 짓거리들
무소불위 휘두르던 그 욕심
온 천지에 널려있던 그 많은 부동산도
5척 단신 숨을 곳 없는
처참한 말로

은행나무

황제의 곤룡포인가
고귀한 황금색 옷으로
위엄을 보이고 있다
초라하지 않게 기품 있게
떨어지는 그날까지
도도한 자세로 우뚝 솟아 있다가
하룻밤 비바람에
쇠락한 왕조의 금빛 기왓장 위로
후루루 무너져 내리는 조락

은행잎

노오랗게 물든 은행잎이 겹겹이 깔린 길을
못내 그리운 사람과
걷고 싶다
걷다가 벤치에 앉아
침묵의 대화 나누고 싶다
잃어버린 시간을 되새김질 해보고 싶다

비에 젖은 노오란 은행잎이
겹겹이 깔린 그 길가에
나를 버려두고 떠난 세월
가고 다신 오지 않는 날들

잊혀진 노래의 아름다운 가락처럼
가슴 쓸고 지나가는 멀고도 가까운 날들
주름진 현재의 시간이
노오랗게 물든 은행잎으로
겹겹이 쌓이고 있다

이 좋은 날에

누구의 장례식이 치러지고 있을까
이 좋은 날에
티 하나 없이 탁 트인 하늘
아기처럼 품속으로 기어드는 삽상한 바람
산 자의 행복에 젖는 한 순간

잣 까기

톡
탁
어눌한 손놀림으로
작은 연장을 쥐고
잣을 깐다

시도 못 읊고 글도 못 쓰고
대화도 못 하고

'熙야'
언제나 서두는 정확하다
그러고 나서는
지리멸렬한
아버지의 편지
사흘이 멀다하고 부쳐 오는 편지

중풍이 소뇌를 덮쳐
머리 쓰는 기능을 상실한 아버지

살날은 얼마 남지 않았는데
몸서리쳐지도록 지겹게
남아도는 시간들

톡
탁
잣 껍질을 깬다
자신의 남은 시간을 깬다

인자한 사람

아, 뭐라구요 도둑질을 했다구요?
그럼 빨리 달아나야지요
자 어서요

네, 뭐라구요 당신은 경찰관이라구요?
그럼 빨리 도둑을 잡아야지요
저기 달아나는 저 사람이요

너에게는 네 나름대로
그들에겐 그들 나름대로
나에겐 내 나름대로
세상에 적절한 조언을 한다

이 세상 모든 이에게 인자한 사람
너와 나, 그리고 그들에게
부처님 가운데 토막 같은 사람

잔인한 달 잔인한 죽음

차갑고 어두운 바닷속
시시각각 다가오는 죽음의 공포
그 잔인한 예고를 정면으로 응시하며
어이 최후를 맞았을꼬
가엾은 내 새끼들
3백송이 아까운 꽃봉오리들
폭탄테러로 죽는 것은 그래도 괜찮다
비행기 사고도 역시
순간의 일이니까
잔인한 달의 잔인한 죽음이 날카로운 비수가 되어
우리의 가슴을 에는구나
짐승만도 못한 것들
선장 이하 선박 선원이라는 작자들
무거운 추를 달아 바닷속에 쳐넣어라
살려는 것이 죽음임을 알게 하라

조기

6·25가 나던 해
봄이 와서 조기 철이 되자 외숙모님은
마포나루에 가서 큰 양은 다라이에 가득
누렇게 기름이 오른 참조기를 사와서
굴비를 만드셨지
언제부턴가 하늘의 별이 된 참조기
귀하신 몸이 우리 눈엔 뜨이지도 않는다
명품 핸드백에서 지갑을 꺼내는 사모님
명품 조기를 사서 운전사에게 들려서 가고
짝퉁 핸드백에 짝퉁 브랜드 의상의 사모님
짝퉁 조기 사는 심정 짝퉁 자존심
그도 저도 아닌 나는
부세조기도 감지덕지

부세조기 세 마리 사왔다
추석에 쓰려고

포도주

냉장고 구석에서 찾아낸
마개 딴 포도주병
별로 맛이 없으니 요리할 때나 쓰라면서
그것을 가져다준 친구가 타계한 지
10여 년이 되었으니
술의 나이도 10여 년을 훌쩍 넘겼을 게다
그동안 익고 또 익어
혀끝에 찰싹 달라붙는 맛, 그윽이 풍기는 향
무겁고도 화려한 진보라 빛깔로
삼위일체 갖추어 자기완성 이뤘네
사람의 자취는 간곳없건만

후회

어렵사리 마련한
선물을 들고 찾아간 집
주인은 떠나고 없었다
내가 너무 늦게 찾아왔구나
또 다른 집
그곳도 마찬가지
세월은 기다리지 않는다는 사실 앞에
망연해진다

있을 때 잘하란 말은 백번 맞는 말이다
내가 갖고 있을 때
내 손이 닿을 수 있을 때
부모님 살아 계실 때
아는 사람들 내 언저리에 있을 때
내가 움직일 수 있을 때

마음은 굴뚝같은데
하지 못한 회한을 진즉에 실천하고 살았으면
만시지탄하지 않았겠지

*만시지탄: 시기가 늦었음을 안타까워하는 탄식

황홀한 사람

요양병원에 입원해 있는 아버지가
문병 온 딸에게 묻는다
"성함이 어떻게 되시는지?"
"네, 곽아무개예요."
"어, 나도 곽간데?!"
딸이 곽가니 당연히 아버지도 곽가겠지
"고향은 어디신가요?"
"진주예요."
"어, 나도 진준데!"

한평생 소견 없는 짓만 해서
내 속을 썩이더니만
이젠 완전히 아기가 되고 말았다

유유자적 천하태평
황홀한 사람

*황홀한 사람: 일본의 여류작가 아리요시 사와코의
 치매를 다룬 소설

휴전선의 봄

시냇물 졸졸졸
새아기 가슴마냥
버들개지 부풀고
노랑 저고리 분홍치마
꽃댕기 나풀나풀
봄치장 한창이네

하늘엔 종달새 노래
들판엔 아지랑이
봄마중 갈거나

신명난 새끼 여우
그만 지뢰를 밟았네
아, 사월은 잔인한 달

아롱다롱 웃음꽃 피는
이 땅의 봄은
어디쯤 오고 있는가

휴전선의 여름

휴전선 비무장지대의 고라니가
새끼 두 마리를 낳았다
"어찌 요리 예쁠꼬!"
핥고 또 핥고

녹음이 우거져 먹거리 많고
몸 가리기 좋은 명당자리에
산실 마련하고 행복한
흐뭇한 가족

일촉즉발의 위기감으로 무장한
비무장지대라는 명함을
버젓이 내건 모순
가장의 평화

삶은 아름답고 탄생은 귀한 것
피비린내 나는 인간 역사에
비무장이란 허황한
꿈을 꾸어 본다

휴전선의 가을

낙엽이 쌓여
부드럽게 푹푹 빠지는 발밑에
입 벌린 탐스러운 밤송이
줍는 이 없어 지천으로 깔린 도토리
빨갛게 익은 열매들
머루 다래
상다리 휘어지는 성찬이건만
인적 없어 허전한 산야
가시 돋친 철조망
성찬에 튼튼한 철조망, 무엇에 쓰랴
종이호랑이임을

남쪽으로 날아가는 기러기 떼
V자 그리는 마음
씁쓰레한 메시지
어떤 승리를 기원하나
휴전선의 가을

휴전선의 겨울*

곽영주

숨죽이며 소리 없이 하얗게 눈으로 덮힌 산야
가깝고도 먼 그 곳
그들의 세상
보이지 않는 것으로도 보이는
가슴으로 느껴지는 먹먹함
그것은,
생존 앞에 선 그들에겐 섣부르고
아주 가벼운 동정일 뿐

소리 없는 함성으로 아우성인 숨죽인 자유
숨 죽은 듯 사는 자유만으로 이어지는 생존
더 이상의 바램도 희망도 없는
철조망 너머 휴전선의 겨울

얼어붙은 땅, 이 눈이 녹으면
한숨 몰아쉬는 자유의 씨앗이

파릇한 희망으로 돋아나
철조망 너머 들판에
그들과 함께 숨쉬기를
단숨으로 기도한다

* 이 시는 엄마의 휴전선의 봄, 여름, 가을에 이어서 딸 영주가 엄마의
  마음을 좇아 사계를 완성하기 위해 쓴 시

머리핀

사랑하는 딸아
머리카락을 가다듬어
핀을 꽂아주는 너의 손길이
그 옛날, 아득히 먼 옛날
너의 어린 머리에
핀을 꽂아주던 감촉이
손끝에 살아와 가슴이 메누나

*엄마를 가슴에 묻고 돌아온 날, 밤늦은 시각에 엄마를 위한 기도를 드리고 무심코 바라본 엄마의 컴퓨터 책상에 반듯이 놓여져 있던 엄마가 마지막으로 쓴 시. 글씨를 잘 알아볼 수도 없을 정도의 사력을 다해 힘을 모아 쓴 사랑 가득한 시.

머리핀

사랑하는 딸아
머리카락을 가다듬어
핀을 꽂아주는 너의 손길이
그 옛날, 앙즉이 된 옛날
너의 어린 머리에 ~~꽂아주던~~
핀을 꽂아 주던 기억들이
손 끝에 살아나 가슴이 메인다

| 추천의 글 |

삶의 풍경을 수놓은 시적 회고

강병욱
(월간 『수필문학』 발행인)

백태희 선생님과의 인연은 2000년대 초무렵으로 기억된다. 문학세미나에서 수필가 한계주 선생님의 지인으로 인사를 나누며 일면식을 가졌던 선생님의 모습이 기억 저편에 아스라이 남아 있다.

한참의 세월이 흐르고 SNS 속에서 빛나는 문체로 시선을 사로잡던 곽영주 작가를 만났다. 놀랍게도 그녀는 40년 만에 재회한 나의 초등학교 동창으로 백태희 선생님의 딸인 곽영주 작가이다.

이렇게 선생님과 친구와의 만남은 오래전부터 정해져 있던 것처럼 우연을 넘어, 시간의 실타래가 엮여 맞닿아 과거의 조각들이 맞춰지는 퍼즐과도 같이 느껴졌다.

평소 작가의 꿈을 품고 시나리오를 집필하던 친구와 문학이라는 끈으로 엮여 대화를 나누다 보면, 어머니를 가슴에 묻고 그리움으로 먹먹한 일상을 보내는 시간이 많아 보였다.

어느날 문득 어머니가 어떤 분이셨는지 물었을 때, 그녀의 입에서 나온 이름이 바로 백태희 선생님이었다. 예상치 못한 인연으로 이어진 만남과 선생님과의 연(緣)은 각별한 반가움으로 다가왔다.

어머니께 못다 한 사랑을 그리워하며, 어머니가 남겨놓은 시들을 모아 유고집을 내고 싶다고 말하던 곽 작가. 그렇게 끊어진 인연의 끈은 다시 이어져, 새로운 이야기를 써 내려가고 있다.

또한 백태희 선생님의 선친이자 곽 작가의 외조부인 목우(牧牛) 백기만(白基萬 1902~1967) 선생님은 대구 출신의 독립운동가이자 시인, 평론가로 널리 알려져 있다.

선생님께서는 3·1운동 당시 대구학생운동 주모자로 투옥되었고 광복 전까지 항일운동을 펼치셨다. 광복 후에는 대구와 경상북도 지역의 향토 시인들을 정리하며 기리는 데 공헌을 하셨다.

이처럼 한국문단사에 기억되는 시인으로 백태희 선생님과 곽 작가는 뿌리 깊은 문학적 깊이가 있는 가문

(家門)의 혈통(血統)이다.

이 유고시집은 백태희 선생님의 감성과 흔적이 오롯이 담겨있다. "컴퓨터에 있는 시, 책 내줄래!" 떠나실 즈음 어머니의 부탁을 마음에 품고 있던 곽 작가는 10년 만에 어머니의 시집을 출간하며 오랜 회한을 풀어냈다.

선생님의 유고시집은 한 개인이 살아온 세월의 파노라마이자, 평범한 일상 속에서 발견한 삶의 진리를 담고 있다. 그리움, 연민, 비판, 성찰 등 다양한 감정들이 씨실과 날실처럼 엮여 삶의 의미를 돌아보고, 깊은 울림을 주는 소중한 흔적이다.

'기록은 기억보다 강하다'

작품 속에 마주하는 가족에 대한 깊은 사랑과 그리움, 그리고 회한을 주요 정서로 다루면서도, 세월호 참사와 같은 시대적 아픔에 대한 날카로운 시선을 놓치지 않는다. 또한, 자연의 변화 속에서 삶의 유한함을 성찰하고 인간 존재에 대한 깊이 있는 철학적 질문을

던진다. 이 시집은 꾸밈없는 솔직한 언어로 풀어낸 백태희 선생님의 삶과 시적 사유가 담긴 소중한 기록이다.

특히 「머리핀」, 사력을 다해 육필로 쓰신 글에서는 딸에 대한 깊은 사랑과 그리움, 그리고 세월의 흐름 속에서 느끼는 애틋함이 잘 드러나고 있다. 시간이 역전되어 젊은 시절 딸의 머리에 핀을 꽂아주던 어머니의 손길이, 이제는 나이 든 어머니의 머리에 핀을 꽂아주는 딸의 손길을 통해 되살아나는 모습에서 감정의 깊이가 뭉클하다.

끝으로 백태희 선생님과의 연(緣)과 그 유족인 곽 작가와 아우러져 선생님의 잊힌 시들을 엮으므로 늦게나마 못다 핀 문학혼을 달래고 이 유고시집을 통해 고인이 남기신 문학적 발자취가 영원히 기억되기를 소망한다. 뜻을 모아 묻혀 있던 작품들을 세상에 내어주신 유가족분들의 어머니에 대한 사랑과 노력에 깊은 감사와 존경의 마음을 표한다.

백태희 유고시집
황홀한 사랑

2025년 9월 25일 초판 인쇄
2025년 9월 30일 초판 발행

지은이 / 백태희

발행인 / 강병욱
발행처 / 도서출판 교음사

03147 서울 종로구 삼일대로 457 수운회관 1308호
Tel (02) 737-7081, 739-7879(Fax)
e-mail / gyoeum@daum.net
등록 / 제2007-000052호

* 잘못된 책은 바꾸어 드립니다. 값 10,000 원

ISBN 978-89-7814-087-4 03810

- 이 책 내용의 전부 또는 일부를 재사용하려면 저작권자와 교음사의 동의를 받아야 합니다, 지은이와의 협의 하에 인지는 생략합니다.